LES
DÉPORTÉS CIVILS

DE GOMEN

NOUVELLE CALÉDONIE

> Le respect des lois est le devoir des
> administrations et des citoyens.
>
> *L'Auteur.*

Prix : 50 centimes

PARIS

IMPRIMERIE NOUVELLE (ASSOCIATION OUVRIÈRE)

14, RUE DES JEUNEURS, 14

1873

LES

DÉPORTÉS CIVILS DE GOMEN

(NOUVELLE-CALÉDONIE)

De quoi il s'agit.

Récemment, une Société industrielle a été fondée à Paris, avec le concours d'une maison d'émission. Les négociations avaient traîné en longueur, et, sans l'intervention de M. ***, qui put dire et démontrer à M. W..., administrateur du C. M..., que la mise en valeur des terres calédoniennes était une opération de tout repos, si on la basait sur la création de la petite propriété libre, elles n'auraient probablement jamais abouti. Ces déclarations firent disparaître les dernières hésitations du C. M...; le capital d'exploitation fut fixé à *deux millions quatre cent mille francs;* les actions furent souscrites silencieusement, comme toute cette affaire avait été menée, et le quart, sans doute, en aura été versé, puisque cette Société vient de commencer le cours de ses opérations.

Elle se dit anonyme; elle en a effectivement les statuts, qui lui donnent le droit d'être dirigée et gérée par un seul homme irresponsable.

Elle se dit maison de banque. En outre des tirages de traites qu'elle annonce être en mesure de faire, elle est autorisée à émettre des billets de banque, ayant seulement cours en Nouvelle-Calédonie. La direction des colonies, comme conséquence de cette faveur, l'a autorisée à prélever 12 0/0 de commission sur les opérations qu'elle effectuera en Nouvelle-Calédonie avec le papier qu'elle émettra; il est vrai que les banques d'émissions australiennes ne demandent que 3 0/0. A ce point de vue, les avantages qui lui sont faits constituent son droit.

Elle se dit maison de colonisation. La direction des colonies lui aurait, en effet, concédé 25,000 hectares de terre en Calédonie, et, cela est indiscutable, en dehors du droit commun, malgré les protestations presque unanimes des colons intéressés.

Cette concession, du reste, comme celle d'émettre des billets de banque, est à revoir.

Enfin, elle repousse la qualification d'*Agence d'émigration*, tout en prétendant être *maison de colonisation* et faisant con tracter des engagements qui doivent recevoir une exécution définitive sur sa concession. — Or, cette Société ne s'est pas fait autoriser, aux termes de la loi d'émigration, à entreprendre les opérations de recrutement d'émigrants, bien qu'elle s'y livre clandestinement. — Elle semble, ici, dépasser son droit.

Il est vrai que les agences ordinaires d'émigration se dirigent en vertu d'autres principes : elles se contentent de transporter les passagers ou émigrants qui s'adressent à elles et qu'elles s'ingénient, sans le concours de l'Etat, à faire parvenir à leur destination dans les meilleures conditions possibles. Ce sont des opérations essentiellement morales et honnêtes, un service rendu, à prix convenu librement, sous le contrôle vigilant d'une administration spéciale, qui ferait certainement passer en police correctionnelle l'armateur du navire l'*Orne*, pour y avoir entassé 1,204 malheureux, si ce navire avait eu un armateur et s'il s'était expédié d'un port de commerce.

La maison dont il s'agit, au contraire, maintient ses engagés sous ses ordres, surtout à partir du moment où ils arrivent dans la colonie, et, cela, sans que le doute soit possible, avec le patronage administratif. Elle mange ainsi, pourrait-on dire sans qu'elle puisse s'en plaindre, de la chair humaine, pendant deux années consécutives. — Elle est évidemment, par là, placée au-dessous des maisons d'émigration, qui, comme nous l'avons dit, marchent sans subvention ni secours de l'Etat, et sont de simples entrepreneurs de transports maritimes.

Il est vrai que ladite Société a pu se méprendre sur l'étendue de ses droits, à raison de la tolérance dont elle se croit couverte, et, de plus, par la possibilité qu'on lui a laissée, par un hardi trompe-l'œil, de se présenter aux individus qu'elle engage comme leur faisant des avantages considérables. Elle se figure qu'on ne verra pas le Trésor public, que tous les citoyens alimentent, payer pour elle, ce à quoi il a été engagé bien à son insu, par la Direction des colonies, qui fait ainsi, sans oser s'en vanter, de la colonisation à chers deniers. Mais comme, en définitive, elle n'a jamais su faire mieux, et que tous les progrès lui déplaisent, il ne faudrait pas trop lui en faire un crime, d'autant plus que son nouveau et honorable directeur, quoique ayant habité longtemps l'Amérique, connaît encore trop peu les tendances colonisatrices de la direction dont il est le chef, pour être capable de la faire entrer dans la voie de la colonisation *rationnelle*.

La main de l'auteur (1) de : *Etudes sur la question des peines* y suffirait difficilement. Ajoutons, du reste, à la décharge du nouveau directeur, que les éléments de la vieille administration placée sous ses ordres s'attachent à lui faire commettre faute sur faute,

---

(1) M. Michaud, sous-directeur des colonies.

afin de lui enlever toute velléité de réforme. Nous espérons que l'heure viendra bientôt où il s'apercevra des injustices qu'on lui fait commettre, des piéges où on l'entraîne; nous désirons pour lui et pour le bien des colonies qu'il ne s'en aperçoive pas trop tard. Ceci dit, afin de bien poser la question, entrons dans les détails. Il s'agit du contrat d'engagement formulé par la Compagnie dont nous venons de rappeler la fondation et d'indiquer les tendances.

Avantages offerts aux déportés civils à Gomen

Nous extrayons textuellement du contrat d'engagement, imprimé par Madame veuve Lilhion-Péron, à Paris, le détail de ces avantages; ils consistent, savoir :

1° Transport gratuit pour l'engagé et sa famille, du port d'embarquement jusqu'en Calédonie;

2° Jouissance de trois hectares de terre;

3° Fourniture des matériaux d'une maison, dite *Paillote*, et divers outils et articles de ménage;

4° Ration militaire pendant 240 jours consécutifs, à partir du jour de son débarquement à Gomen.

Les avantages, dont il s'agit, pour une famille de trois personnes, supposent un déboursé de :

1° Passages. — Au taux des voiliers du commerce, à raison de 600 fr. l'un, soit pour trois personnes........................... 1.800 fr.

2° Terres. — Jouissance pendant deux ans, au taux actuel dans la colonie.. 6

3° Matériaux de maisons. — A vue de nez, cela vaut bien 500

4° Ration militaire. — 240 jours, à 1 fr. 50 c., coût de de la ration du matelot, soit pour trois personnes 1.080

Total des dépenses apparentes de la Compagnie...... 3.386 fr.

Dépenses effectives pour la Compagnie

PASSAGES : Appert une note, inscrite sur le contrat d'engagement de la Compagnie, ainsi conçue : « Indiquer si c'est un navire de l'Etat ou du commerce. »

Appert une déclaration de son Conseil d'administration, séance du 6 octobre 1872, se faisant fort de l'appui de l'administration pour son émigration.

Il est permis de conclure, puisque aucune publicité n'a été faite, puisque aucun fonds n'est voté pour cette nature de dépense, que la Compagnie a des arrangements secrets (et, par conséquent, soumis à des critiques légitimes) avec la Direction des colonies, *seule en cause*, comme administration, pour le transport gratuit, par navires de l'État, des engagés de la Compagnie.

S'il en est ainsi (et jusqu'à ce moment toutes les publications faites le prouvent), la dépense de passage étant supportée par l'Etat, la Compagnie débourse donc pour cet article...... 0 00

TERRES. — La concession faite à ladite Compagnie, comme nous l'avons déjà dit, en dehors du droit commun, l'oblige à un versement de 3 francs par hectare, et à un solde de 22 francs, en travaux de viabilité, à effectuer en dix ans, que le colon aura à faire, comme on le verra ci-après. En fait, la Compagnie économisera, de ce chef, 22 francs par hectare, en apparence cela lui coûte... .... 9 »

MATÉRIAUX DE MAISONS. — A vue de nez, disions-nous tout à l'heure, cela vaut bien 500 francs. Mais une maison dite *paillote* étant simplement une cabane en branchages, couverte d'herbes, les colons en trouveront les matériaux sur la terre dont ils auront la jouissance : la Compagnie se trouve donc **donner** ou **vendre deux fois la même chose.** Supposons, néanmoins, que c'est une erreur : mais, en tout cas, la Compagnie ne dépense encore rien pour ceci, soit.............................. .... 0 00

USTENSILES ET OUTILS. — Donnons-en le détail :

Bassin de ferblanc.	Depuis la guerre, les magasins
Assiette.	de l'Etat en regorgent. On
Gobelet.	achète le tout à......... 6 »
Couvert.	
Pelle emmanchée.	C'est encore 6 francs, met-
Pioche emmanchée.	tons, ci................. 10 »

Ensemble.......... 16 »

RATION MILITAIRE. — Un arrêté, depuis longtemps en vigueur en Nouvelle-Calédonie, confirmé par l'administration métropolitaine, dans une circulaire récente, dispose que la ration militaire est accordée à tout arrivant dans la colonie pendant huit mois. La coïncidence des deux chiffres, 240 jours faisant exactement huit mois, nous porte à supposer que c'est encore la colonie, autrement dit le Trésor public, mais, sur une autre partie du budget, qui doit fournir cette ration aux engagés de la Compagnie. S'il en était ainsi, la dépense pour elle serait donc de... 0 00

Les déboursés *effectifs* de la Compagnie s'élèveraient seulement à.. 25 »

pour l'introduction, sur ses terres, de trois personnes, *ce qui n'est pas exagéré!*

Recettes de la Compagnie par chaque famille

En compensation des avances que la Compagnie est censée lui faire, le chef de famille doit donner, pendant deux ans, *dix jour-*

nées par mois, sans nourriture, *soit* 240 *journées*, au taux de 5 fr.
l'une, inscrit au contrat, ci.. 1.200 »

Les deux autres membres de la famille doivent donner
aussi pendant deux ans, toujours sans nourriture, neuf
journées chacun, soit 180 journée à 5 fr. l'une, ci......... 900 »

Travaux de viabilité, au profit de la Compagnie....... *Mémoire*

Total... 2.100 »

La Compagnie ayant dépensé effectivement.......... 25 »

Son bénéfice, calculé sur trois personnes, doit être de. 2.075 »

C'est ainsi, trop souvent, que des gens favorisés acquièrent
une réputation de générosité à laquelle ils n'ont aucun droit.

Au premier abord, cette situation paraît magnifique de produit,
mais nous dirons, nous, quand on bâtit sur le travail d'engagés,
sans compensation équitable pour eux, on bâtit sur le sable : les
causes morales étant toujours plus fortes que les combinaisons
d'un étroit égoïsme. Dans la situation présente, elles produiront
vite leur œuvre, en détruisant dans ses assises l'édifice sur lequel
la Compagnie dont nous nous occupons prétend constituer sa
fortune.

Part du Trésor public

La *Danaé*, qui vient d'arriver en Calédonie après 150 jours de
voyage à la mer (les bâtiments voiliers du commerce, suivant la
même route, font le voyage en 110 jours), portait 428 passagers
civils et déportés. Or, le navire dépense, dans son voyage d'aller
et retour, savoir :

Charbon............................ environ.		308.000 fr
Nourriture des passagers.........	d°	96.000
Assurance, intérêts, dépréciation.	d°	139.890
Personnel, gages d'équipages et vivres..............................	d°	358.005
Usure de l'armement.............	d°	50.000
Frais de port et divers...........	d°	40.000
Solde de campagne, en sus.......	d°	54.750
Total...		1.046.705

Chaque passager de la *Danaé* revient donc au Trésor à la
somme de 2,400 fr., contre 600 fr. qu'il faudrait payer au commerce,
et par la vapeur, 400 fr.

L'administration de la marine, ayant placé à bord du navire
l'*Orne*, qui est du même type que le navire la *Danaé*, 1,204 personnes, dont 210 hommes d'équipage, les 994 passagers de ce navire
ne lui reviendront guère au-delà de 1,200 fr. chacun ; mais, comme
les passagers sont en surcroît, et que les prescriptions en usage
pour l'hygiène des émigrants n'ont pas été suivies et que chaque

passager de l'*Orne* aura eu à peine *un* mètre cube de place au lieu
des *trois* mètres cubes réglementaires, nous ne pouvons admettre
comme sérieux ou pratique le résultat obtenu par ce navire. Heu-
reux si nous apprenons un jour qu'il a pu débarquer convenable-
ment, à Nouméa, sa cargaison humaine.

La preuve fournie par le navire la *Danaé* est, au contraire, indiscutable. Nous l'admettons comme bien fondée et nous poserons
nos évaluations sur les résultats donnés par ce navire.

Disons, par occasion, que la *Danaé* portait 249 déportés, au
compte d'introduction desquels doit être portée la dépense totale
du navire. Le prix de revient de leur introduction à la Nouvelle-
Calédonie est donc environ de 4,200 fr.

En agissant comme l'administration le fait sur l'*Orne*, au mé-
pris de toutes les règles hygiéniques et humaines, chaque déporté
coûterait encore 2,000 francs. Nous aurions ici un beau chapitre à
faire sur le respect dû à l'homme dans toutes les situations de
la vie, sur l'obligation où est la marine de ménager la santé
des équipages, mais nous ne le ferons pas; nous pesons les faits,
non à raison de notre sensibilité ou de notre indignation, mais
par les chiffres qu'ils fournissent : au lecteur intelligent d'en tirer
les conclusions salutaires.

Nous sommes donc dans le vrai pratique en évaluant ce que
coûte à l'Etat chaque engagé de la Compagnie en question, de la
manière suivante :

1° Prix de revient à bord du navire de l'Etat......... 2,445 fr.
2° Ration délivrée dans la colonie, coût net.......... 864

Coût total pour le Trésor........ 3,309 fr.

Ainsi, les 80 passagers gratuits, embarqués pour le compte de
la Compagnie, sur le navire le *Cher*, sur lesquels la Compagnie
espère bénéficier de 165,000 francs, coûtent au Trésor public
264,720 francs.

S'il est vrai, comme paraît l'affirmer la Compagnie, que la Direction des colonies doit accorder le passage gratuit à (par
exemple) mille de ses engagés, l'Etat se trouve soumis, de ce
chef, à une dépense de 3 *millions* 309 *mille francs*.

Or, nous n'avons aperçu nulle part que cette dépense ait été
proposée à l'acceptation de l'Assemblée nationale par la Direction
des colonies, *seule en cause*.

Les Engagés payent la terre pour la Compagnie

Nous avons dit tout à l'heure que les 22 francs restant à payer
par hectare, lorsque les 3 premiers francs auront été versés,
devaient l'être en travail de viabilité à effectuer par la Compagnie.
C'est à quoi pourvoit l'article 8 du contrat, qui oblige chaque engagé à entretenir en bon état de viabilité la moitié de la largeur

de la route ou des rues bordant la concession. On sait ce que sont les routes dans un pays neuf: le propriétaire fait une percée à travers les herbes et les bois, et dit : « Voilà la route; les riverains doivent désormais l'entretenir en bon état de viabilité. »

Dans l'esprit de la Compagnie, on le voit, les avantages réservés à la colonie et dus par elles seront payés par les engagés introduits au frais du Trésor. C'est d'une simplicité et en même temps d'une ingéniosité qui provoquent l'admiration. Seulement, c'est trop beau pour être pratique.

Stipulations singulières

Nous relevons, dans le même contrat d'engagement, quelques clauses non sans intérêt, les voici :

1° Les engagés consentent, par l'article 7, à effectuer toutes les prestations qui seraient déterminées pour la construction des édifices publics, tels qu'église, école et maison commune.

Les sentiments religieux de la Compagnie pourront ainsi se manifester avec ampleur. C'est l'engagé qui payera.

2° Dans les travaux qu'il exécutera pour le compte de la Compagnie, il devra se servir de la pelle et de la pioche qui lui auront été *données* par la Compagnie, mais qui *restent la propriété de cette dernière* (art. 1 et 4), jusqu'à ce qu'il ait satisfait à *tous* ses engagements envers la Compagnie.

Cette prescription de l'article 7 nous paraît très originale, et sa profondeur nous met en suspicion. Qu'est-ce que cela peut bien vouloir dire? Cherchons!

Si la faiblesse physique du colon l'empêche de se servir de cette pelle et de cette pioche, données sans l'être, qu'arrivera-t-il?

Si la pelle ou la pioche est cassée, la Compagnie réclamera-t-elle une indemnité à son engagé?

Si la pelle et la pioche sont perdues et que l'engagé se refuse à les remplacer, la Compagnie l'actionnera-t-elle devant les tribunaux correctionnels pour violation du contrat ou abus de confiance?

Si le chef de famille seul se sert de cette pelle ou de cette pioche, les journées des autres membres de la famille seront-elles considérées comme nulles, et les autres membres de la famille seront-ils contraints de travailler la terre sans outils et en la grattant de leurs ongles?

Il y a, dans tout cela un *alea* redoutable. Ce n'est rien et c'est énorme.

Comme les stipulations de ce contrat sont en dehors du droit commun, qu'aucun tribunal, sans doute, n'oserait contraindre à les exécuter, il en résulte que la Compagnie demeure seule juge de l'exécution des obligations de ses engagés. Le plus petit manque au contrat l'autorise à le mettre à néant et à reprendre la terre qu'elle a seulement donnée en jouissance, alors même qu'elle serait déjà défrichée sur toute son étendue, *sans indemnité*, ainsi que cela résulte des articles 12, 18 et 19 du contrat.

Semblants d'équité

La Compagnie accorde à ses engagés le droit de lui payer en argent les journées de travail dues, et de s'exonérer ainsi de leur obligation de travail forcé envers elle. Or, la Compagnie n'ayant fourni que 25 francs, plus la jouissance de trois hectares, qui, après ce payement, deviendraient la propriété de l'engagé, elle vendrait la terre au taux de 700 francs par hectare. La Direction des colonies trouve cela très naturel, elle l'approuve évidemment. au moins par son silence.

C'est de l'équité productive !

La Compagnie, en cas de *mortalité* de l'engagé, consent à l'exonérer des journées de travail qui lui restaient à faire. C'est bien aimable à elle, seulement ses héritiers ne pourront devenir pro priétaires des terrains qu'après l'entier acquittement des journées dues, soit en espèces, soit en travail. Nous reconnaissons ici l'es prit qui dirige la Compagnie.

Communisme autoritaire

A toutes ces clauses, la Compagnie en ajoute une qui nous rend rêveurs et anxieux :

« La Compagnie, dit l'art. 15, désignera un terrain, dans ceux qu'elle aura de disponibles, pour le *pâturage en commun* des troupeaux des colons ; seulement, elle se réserve le droit de supprimer cet avantage lorsqu'elle n'y aurait plus intérêt. »

Or, dans les communes où il y a encore des terres communales, ceux dont les troupeaux les pâturent en sont les propriétaires indivis et n'en peuvent être privés sans indemnité, puisque ce droit est une partie de leur héritage, qu'il entre dans leur actif et dans leurs combinaisons de travail et d'avenir. Ici, rien de pareil : la Compagnie s'attribue tous les droits de l'indivision ; toujours généreuse à sa façon, elle ne vend, ni elle ne loue aux intéressés les terres à pâturer, elle les leur prête seulement ; elle entend demeurer grand feudataire ; elle accorde à ses féaux sujets un avantage qu'elle se réserve de leur reprendre quand il lui conviendra. C'est bien entendu, et, comme la formule de la propriété possédée s'oppose à cette exploitation des travailleurs, elle emprunte une formule au communisme. Tant il est vrai que les extrêmes se touchent !

C'est l'introduction, en Calédonie, du village avec ses toits de chaume, et du château avec ses dépendances énormes.

Le communisme autoritaire, enfin !

Conséquences

Il résulte de cette stipulation :

1° Que la Compagnie ne fournit pas assez de terre à ses engagés pour leur permettre de devenir propriétaires libres et indépendants;

2° Qu'elle prétend les garder dans ses mains, en leur rendant, à son gré, par l'accord ou le retrait du pâturage en commun, leur exploitation agricole fructueuse ou défavorable, sinon même impossible;

3° Enfin, et c'est à quoi tendent toutes les clauses du contrat d'engagement que nous étudions, qu'elle veut avoir un peuple à exploiter.

Non, ce n'est pas une Compagnie de colonisation, et nous avons peur que la Nouvelle-Calédonie soit forcée de supporter les conséquences des malheureuses formules colonisatrices qu'elle est en voie de mettre à exécution. Ses tendances sont de faire produire à ses engagés le plus possible, mais rien n'indique qu'elle fasse ou veuille faire de la colonisation par l'établissement certain de la petite propriété. Sa générosité n'est qu'apparente, et, on l'a vu, elle appelle à son aide jusqu'à un communisme que Cabet lui-même eût désavoué.

FACULTÉ DE RÉSILIATION — La Compagnie se réserve le droit de résilier le contrat et de reprendre la terre, en tel état qu'elle se trouve au moment de la résiliation, et ce, *sans indemnité;* elle renonce toutefois *à s'emparer des meubles du colon;* l'engagé, lui, ne peut prétendre à bénéficier du prix de son travail que lorsqu'il aura acquitté ses journées de travail forcé, stipulées par le contrat; qu'il y manque un *iota*, et tout est perdu pour lui. Du côté de la Compagnie, droit de résiliation; du côté du colon, obligation sans réserve.

Suivant toute apparence, c'est ce que la loi appelle une condition *léonine.*

ESCLAVE OU COLON. — Le contrat que la Compagnie fait signer à ses engagés et à la rédaction duquel quelques capacités autorisées auront sans doute contribué, contrat qui, du moins, est venu à la connaissance de la Direction des colonies, puisque la Compagnie déclare agir avec son patronage, est-il fait pour des colons libres ou pour des esclaves? Si l'on mettait les stipulations qui règlent les rapports du forçat et de leurs employeurs en regard de ce contrat, on verrait que les forçats sont beaucoup mieux traités. Les engagés de la Compagnie (c'est ce qui résulte de tout ce que nous avons déjà dit) sont considérés comme des serfs, taillables et corvéables à merci.

En lisant l'article 10, si l'on avait quelque doute à cet égard, le doute disparaîtrait :

« M. ....., dit cet article (qui est comme le couronnement de » l'édifice), **s'engage à se soumettre à tous les règlements** « qui pourront être établis par la Compagnie, dans l'intérêt de la « colonisation. »

Ici, tout faux-fuyant disparaît : c'est l'aliénation de la liberté de l'individu, dans toute sa naïveté : **Les engagés sont soumis à**

tous les règlements établis par la Compagnie ; point de réserve en leur faveur ; **ils seront soumis :** la Compagnie est maîtresse absolue, sans contrôle ni réserve ; **ils seront soumis :** donc ils ont aliéné leur liberté, donc leur libre arbitre cesse, donc ils sont esclaves !

Si la Compagnie, qui, déjà, touche au communisme d'une main, au knout de l'autre, jugeait que *l'intérêt de la colonisation* exige que les engagés vivent et travaillent en commun, ou si, comme il a été fait aux îles Gambier, avec les sentiments les plus purs et toujours dans *l'intérêt de la colonisation*, la Compagnie arrivait à se persuader que la cohabitation du mari et de la femme doit cesser, que les mâles doivent vivre ensemble, les femelles aussi, les engagés seraient-ils obligés d'obéir? S'ils se refusaient à d'aussi absurdes et anti-humaines prétentions, ou à toutes autres aussi déraisonnables, la Compagnie, aux termes de cet article 10, qui constitue une partie essentielle des obligations de l'engagé à l'égard de la Compagnie, obligation dont le complet accomplissement seul le rend propriétaire de la terre, aurait le droit de lui dire :

« Quoique votre terre soit maintenant défrichée, plantée, comme
« vous avez refusé d'obéir à tel ou tel règlement, comme, par cela
« seul, vous avez manqué au contrat accepté par vous, je suis,
« *pour l'exemple*, forcé d'en prononcer la résiliation. Prenez vos
« effets et vos meubles, et partez. »

Conclusion

A Monsieur le Ministre de la Marine et des Colonies.

Monsieur le Ministre,

En entrant volontairement ou involontairement dans la voie où la Direction des colonies s'est engagée, et d'où il vous appartient de la faire sortir, cette administration s'est écartée du droit commun et a dépassé ses pouvoirs.

Vous avez à juger si elle avait le droit de compromettre ainsi les intérêts de la République, et votre examen scrupuleux, nous en sommes certains, vous conduira à la douloureuse conviction que, loin de veiller à l'exécution des lois, elle en a méconnu, dans l'espèce, les plus simples formules.

Nous appelons plus particulièrement votre attention sur trois points, selon nous, de la plus haute importance, et nous sollicitons de votre impartialité habituelle une décision rapide. Voici ces trois points :

Premier point. — Le ministère de la marine ou, plutôt, quelques individualités de cette administration ont-ils le droit, de leur autorité privée, d'employer les fonds du Trésor public à doter, sans autorisation, une Société industrielle ?

Deuxième point. — Le ministère de la marine ou lesdites individualités ont-ils le droit, de leur autorité privée, en employant les fonds du Trésor public, de convoyer en Calédonie du fret et des passagers commerciaux, en [concurrençant l'industrie sérieuse, sans subvention, qui doit compter sur les éléments du trafic, passagers et marchandises, pour assurer sa réussite et être en état de payer les charges diverses qu'elle supporte au profit de l'Etat?

Troisième point. — Le ministère de la marine ou lesdites individualités ont-ils le droit d'autoriser la violation des principes du droit commun et de laisser aliéner la liberté des individus au profit d'une association de capitalistes recherchant un lucre illégitime?

Il est hors de doute, Monsieur le Ministre, que vous devez répondre négativement à ces trois questions. Cela étant, nous osons espérer que vous prendrez les mesures nécessaires pour rappeler la Direction des colonies à l'observation des lois, qui importe, comme vous le savez, à la conservation de l'ordre et de la morale publique.

Agréez, Monsieur le Ministre, l'assurance de notre respectueuse considération.

L'AUTEUR.

A Monsieur le Commissaire général de l'émigration.

Monsieur le Commissaire,

Le Commissariat de l'émigration a été créé en vertu d'une loi; sa mission est de veiller à l'observation des lois dans la rédaction des contrats d'émigration contractés sur le territoire français, et de s'assurer, lorsqu'un navire emporte des émigrants, ou nes personnes réputées telles, que les prescriptions hygiéniques ont été remplies. Vous remplissez cette double mission avec un soin scrupuleux; aussi n'est-ce pas sans étonnement, Monsieur le Commissaire général, que nous avons eu connaissance du contrat que nous venons d'analyser, et que nous avons appris que les prescriptions de la loi n'avaient pas été remplies en ce qui concerne le navire l'*Orne*, en route pour la Nouvelle-Calédonie.

Nous croyons trop à l'indépendance de votre caractère et à votre fidélité au devoir, pour oser croire un instant que vous hésiterez à faire le vôtre à cette occasion.

Agréez, Monsieur le Commissaire, l'expression de la considération distinguée de

L'AUTEUR.

A Messieurs les membres du Conseil d'administration de la Compagnie de La Nouvelle-Calédonie, *dont les noms suivent :*

MM. Chabrier, ingénieur, président ;
Le baron Digeon, propriétaire ;
Eynaud, administrateur du Crédit mobilier ;
H. Lebeaud, armateur, de la maison Lebeaud père et fils et Cᵉ ;
Le Koat de Kerveguen, propriétaire ;
Edouard Montefiore, banquier, de la maison Cohen.
Jacob Montefiore, négociant, à Sydney.
J. Peter, ancien avocat au Conseil d'Etat.
Nas de Tourris, ancien délégué de la Réunion.
Ch. Wallut, administrateur délégué du Crédit mobilier.
Ph. Roux, commissaire.
D'Ocagne, commissaire.

Messieurs les administrateurs,

En acceptant la position d'administrateurs, vous avez pris moralement la responsabilité des capitaux versés par vos actionnaires, et vous avez la charge de les rendre utiles à tous et profitables à leurs possesseurs.

Or, croyez-nous, Messieurs, le chemin qu'on vous fait prendre est mauvais. Le profit recherché dans l'exploitation des hommes, et non dans la valeur des choses, est essentiellement aléatoire, et, quels que soient les avantages qui sont faits à votre Compagnie par la Direction des colonies, elle ne pourra, selon nous, réaliser des bénéfices, car la conscience humaine a des droits imprescriptibles que nul n'a le pouvoir de mettre à néant.

C'est une vérité dont vous aurez, nous en sommes convaincus, à faire la dure expérience. Au bout de quelques mois, de quelques jours peut-être, les engagés de votre Compagnie ne seront plus que des déportés du capital ; ils seront fatigués, énervés, incapables d'un travail sérieux. Sans sécurité dans l'avenir, chargés outre mesure, ils délaisseront leur travail, comme celui de la Compagnie ; s'ils restent encore sur ses terres, ils n'y constitueront qu'une charge.

Les règlements autoritaires élèveront une nouvelle barrière entre eux et vous et les pousseront à l'inaction ou à la révolte. Ceux d'entre eux qui vaudront quelque chose, voyant que la possession de la terre coloniale, en dehors de celles de la Compagnie, leur est plus facile et plus fructueuse, reprendront leur liberté avant même que leur travail vous ait couverts de vos minimes avances. Quant aux autres, les mines ou la paresse vous les enlèveront.

Que ferez-vous, alors ? Appellerez-vous les bayonnettes de la garnison coloniale pour les réduire et les obliger à travailler pour vous, sans même que vous soyez tenus de les nourrir durant leur travail? On est effrayé quand on pense aux éléments de désordre que vous entasserez dans la colonie; car des engagés tels que ceux qui peuvent accepter vos conditions, ne sont pas des engagés sérieux. Vous trouverez peut-être des mercenaires, mais vous ne trouverez pas des hommes, et, pour coloniser, ce sont des hommes qu'il faut. Vos engagés, Messieurs, voyant que vous tirez tout à vous, chercheront à tirer tout à eux, et vous les trouverez, sans aucun doute, disposés à abuser de leurs droits humains, comme vous semblez disposés à abuser de votre position.

Ne vous illusionnez pas; l'avenir de votre Compagnie sera compromis par les causes mêmes auxquelles vous devez son apparente réussite. Les déceptions de toute nature vous attendent. Nous vous présageons une partie de celles que vous vous préparez. Avec une exploitation en commun, basée sur une mauvaise interprétation des droits et des devoirs contradictoires, vous compromettez non-seulement le capital des actions, mais, en outre, vous porterez un coup qui pourrait être fatal à la colonisation de la Nouvelle-Calédonie. Enfin, les charges que vous imposez au Trésor seront perdues pour la Compagnie elle-même. Il en est temps encore, revenez à une plus saine appréciation de vos intérêts.

Recevez, Messieurs, l'assurance de notre considération la plus distinguée.

Moralité.

Le travail que nous présentons au public et que nous communiquons directement aux intéressés, serait incomplet si nous n'en retenions pas une moralité. Cette moralité, la voici :

Il y a deux sortes de colonisateurs :

Les uns, animés de l'amour de la patrie et persuadés que l'homme doit toujours agir dans son indépendance et dans sa liberté, sont assez naïfs pour vouloir que l'œuvre colonisatrice repose sur le respect de la dignité humaine, l'exercice des droits du citoyen, la sécurité de la possession, la rémunération équitable du travail, l'organisation de la propriété indépendante et de la famille prospère. Ils recherchent aussi l'utilité pour le Trésor et l'accroissement de la richesse nationale. Cette nature de colonisateur entend ne relever que d'elle-même et des lois. Elle combine les éléments de colonisation à mettre en œuvre, *sans aucune charge pour le Trésor;* elle s'occupe de faire connaître le pays à coloniser, ses ressources et son avenir. Elle montre la fortune assurée pour le travailleur consciencieux. Mais les gens qui bâtissent leur œuvre sur le développement des sentiments honnêtes, généreux et droits, trouvent peu d'écho, et, contre l'intérêt bien entendu de la métropole, trouvent peu de concours dans nos vieilles civilisations : on leur met même des entraves à plaisir. L'honnête, le bon, le vrai, qu'est-ce que cela? Allons, bonnes gens, place à d'autres : vous êtes des rêveurs!

Les autres, plus animés de l'esprit ancien, ne voient qu'eux, ne songent qu'à eux, ne travaillent que pour leur satisfaction personnelle. La colonisation une œuvre patriotique! A quoi bon! La colonisation pour quelques-uns est l'art d'exploiter, à leur profit, la terre, les hommes et les choses. Aussi, le concours de tous les sentiments égoïstes et étroitement intéressés leur est-il acquis. Ces protecteurs de la famille et de la propriété, comme on l'a vu par le contrat que nous venons d'analyser, mettent la famille dans la presque impossibilité de se fonder; ils s'attaquent à la dignité, à la liberté de l'homme, à son libre arbitre, pour étayer leur exploitation. L'administration française, tout aussi peu colonisatrice, les comprend et les patronne.

Voilà d'où vient le préjugé qui veut que les Français ne soient pas colonisateurs. Le Français, plus que tout autre peuple, recherche par dessus tout la satisfaction de trois sentiments : le sentiment humain, la liberté; le sentiment moral, la famille; le sentiment possessif, la propriété. Partout où il trouvera ces divers éléments réunis, tout Français sera parfait colonisateur.

Or, l'administration des colonies n'est jamais entrée dans cet ordre d'idées : la liberté, la propriété, la famille doivent, pour elle, être subordonnées au capital. Aussi n'a-t-elle rien colonisé, et plus elle fait d'efforts dans cette fausse voie pour montrer qu'elle est bonne à quelque chose, et plus (c'est là notre moralité) elle embourbe le pays et le repousse dans l'impossible, l'illégal et l'impraticable.

Paris, 19 mars 1873.

Paris.— Imp. Nouv. (assoc. ouv.), 14, rue des Jeûneurs. — G. Masquin et Cⁱᵉ.